LU, VU ET ENTENDU EN MAI 68

PRÉFACE D'ANTOINE

TEXTES RÉUNIS PAR JANINE CASEVECCHIE

chêne

GRAINES D'UTOPIE

Mais qu'est-ce qu'ils ont donc, ces événements de Mai 68 ? Une révolution ? Certainement pas la Révolution française, ni celle d'Octobre, ni même celle des Œillets... Pratiquement pas de sang versé (quelques tirs de pavés bien ajustés, quelques glissades sur des barricades d'opérette...). Pas le moindre renversement de gouvernement : au terme de Mai 68, le Général de Gaulle était toujours debout...
Alors, pourquoi, quarante ans plus tard, en parle-t-on encore, pourquoi date-t-on de ce mois fatidique un « grand tournant », un changement de société, de mœurs, de façon de voir la vie, les lois, les conventions... ? Eh oui, c'est sans doute là le caractère unique de cette révolution qui n'en fut pas une : c'est peut-être la seule fois dans l'histoire humaine où de grands changements se sont produits sans effusions fatales, sans coup d'État, terreur ni épuration...
En 1968, je voyageais déjà beaucoup de par le monde, pour chanter mes chansons... Mai 68 m'a pris par surprise, alors que je rentrais d'une tournée en Italie... Je ne me sentais aucunement tenté d'y grimper, moi, sur ces barricades : ma propre révolution, ma remise en question des conventions qui nous étouffaient dans notre petite France bien conservatrice, je l'avais faite deux ans plus tôt, dans mes « Élucubrations », que l'on salue souvent comme signe avant-coureur de Mai 68 : j'y demandais la mise en vente libre (dans les Monoprix) de la pilule anticonceptionnelle, alors que la loi de 1920

interdisait même d'en mentionner l'existence... Peu de temps après 68, la contraception fut légalisée, un peu plus tard, à son tour, l'avortement. La libération sexuelle prenait son envol (quelques années auparavant, une femme honnête n'avait pas de plaisir), les routards prenaient la route, les hippies gagnaient les communautés, des vagabonds des mers du Sud s'élançaient sur l'océan à bord de bateaux construits souvent dans leur arrière-cour... Tous, ils semaient des graines d'utopie (l'une d'elles tomba dans mon jardin, elle a bien poussé depuis). Signe superficiel, mais révélateur, comparez une photo de groupe datant d'avant à une photo d'après 68... Sur la première, les gens ressemblent à des Russes, – costumes, cravate, cheveux courts... – Après ? Cheveux libres, tenues bariolées, variété infinie dans les habits et les « looks »...
Soudain, tout était permis, puisque, nous l'avions tous écrit ou lu sur les murs, « Il est interdit d'interdire »...
De Gaulle lui, ne survivrait qu'une année ou deux à Mai 68... pourtant, il s'était plutôt bien tiré de l'affaire : après avoir hésité à lancer quelques généraux à la remise en ordre de ce qu'il baptisa la « chienlit », il y avait renoncé... Sa grande idée fut, tout simplement, d'approvisionner, au bout de quelques semaines de grève où la France entière était paralysée, les stations-service... N'en croyant pas leurs yeux, les grévistes firent le plein, et s'élancèrent comme un seul homme sur les routes des vacances, fonçant vers la plage, tournant le dos aux pavés... Mais il y avait en eux quelque chose d'absolument transformé, et les slogans de Mai 68, s'ils nous semblent parfois désuets et peu réalistes, restent la mémoire de ce véritable tournant. Alors, vive le souvenir de Mai 68, qu'il demeure dans nos mémoires, avec ses professions de foi candides et irréalistes... mais quel souffle d'idéal, quelle puissance d'utopie dans ces petites phrases vite oubliées...

Antoine

IL EST RDIT D'INTERDIRE

DANS UNE SOCIÉTÉ QUI ABOLIT TOUTE AVENTURE, LA SEULE AVENTURE POSSIBLE C'EST L'ABOLITION DE CETTE SOCIÉTÉ.

LA LIBERTÉ COMMENCE PAR UNE INTERDICTION : CELLE DE NUIRE À LA LIBERTÉ D'AUTRUI.

Quand l'Assemblee nationale devient un theatre bourgeois, tous les theatres bourgeois doivent devenir des assemblees nationales.

IL EST DOULOUREUX DE SUBIR LES CHEFS, IL EST ENCORE PLUS BÊTE DE LES CHOISIR.

Un bon maître,
nous en aurons un dès que chacun sera le sien.

TOUT POUVOIR ABUSE.
LE POUVOIR ABSOLU ABUSE ABSOLUMENT.

Le patron a besoin de toi, tu n'as pas besoin de lui.

PAS DE RECTANGLE BLANC POUR UN PEUPLE ADULTE: INDÉPENDANCE et AUTONOMIE de l'O.R.T.F.

Travailleur : tu as 25 ans mais ton syndicat est de l'autre siècle.

VOUS FINIREZ TOUS PAR CREVER *du confort*

Les 2 atouts du Général :

SON
PRESTIGE
ET SA
TÉLÉ

L'EMANCIPATION
DE L'HOMME
SERA TOTALE
OU NE SERA PAS

Professeurs vous êtes aussi vieux que votre culture, votre MODERNISME n'est que la MODERNISATION DE LA POLICE.

PLUS JAMAIS CLAUDEL

POUR
METTRE EN
QUESTION LA SOCIETE
OU L'ON " VIT ",
IL FAUT   D'ABORD ETRE
CAPABLE
DE SE
METTRE
EN
QUESTION

SOI-MEME.

L'âge d'or était l'âge où l'or ne régnait pas. Le veau d'or est toujours de boue.

NI DIEU NI MAÎTRE

L'obéissance commence par la **conscience** et la conscience par la **désobéissance**

L'agresseur n'est pas celui qui se révolte, mais celui qui affirme. L'agresseur n'est pas celui qui se révolte mais celui qui réprime.

DEBOUT LES DAMNÉS DE L'UNIVERSITÉ

je participe
tu participes
il participe
nous participons
vous participez
ils profitent

NE PRENEZ PLUS L'ASCENSEUR, PRENEZ LE POUVOIR.

L'ART EST MORT. GODARD N'Y POURRA RIEN.

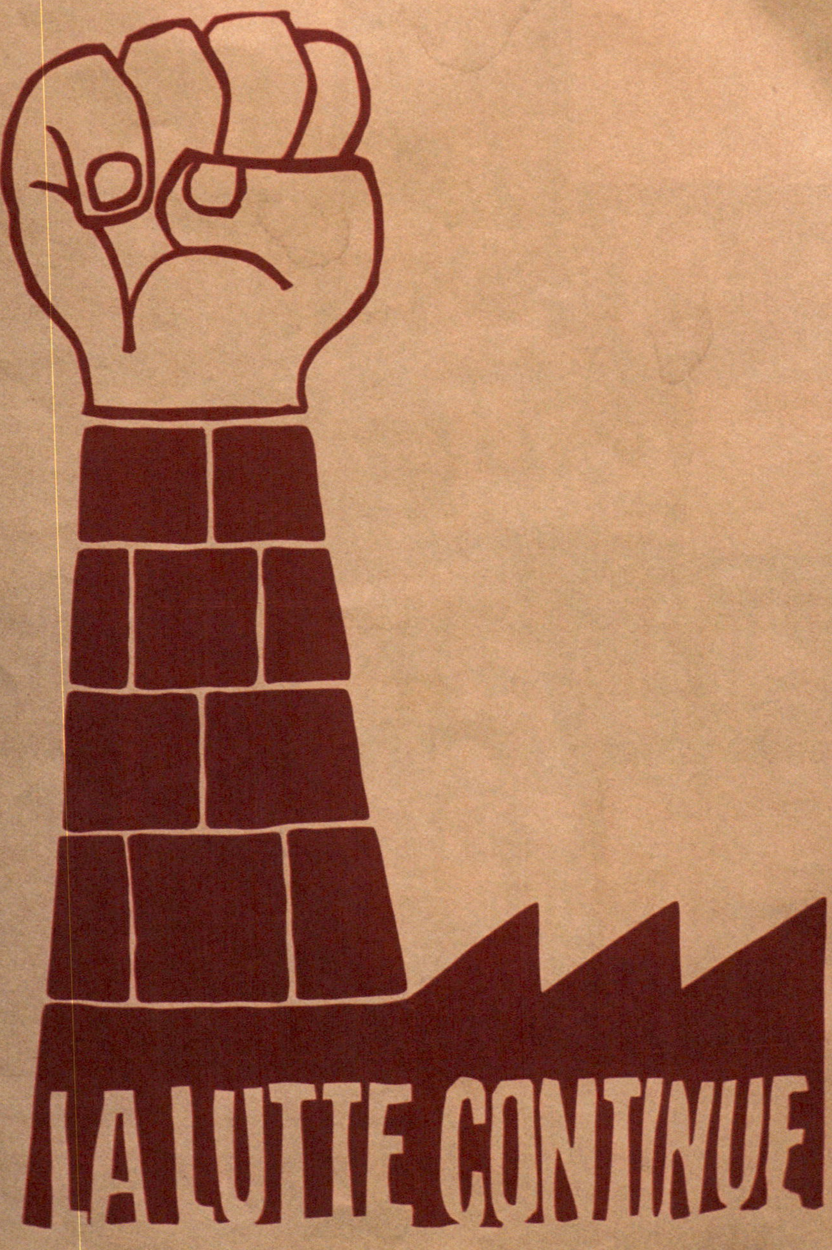
LA LUTTE CONTINUE

CONSOMMEZ PLUS

VOUS VIVREZ MOINS

Le conservatisme est synonyme de pourriture et de laideur

L'ÉCONOMIE EST BLESSÉE, QU'ELLE CRÈVE !

LES AVANTAGES SOCIAUX C'EST LA MORT

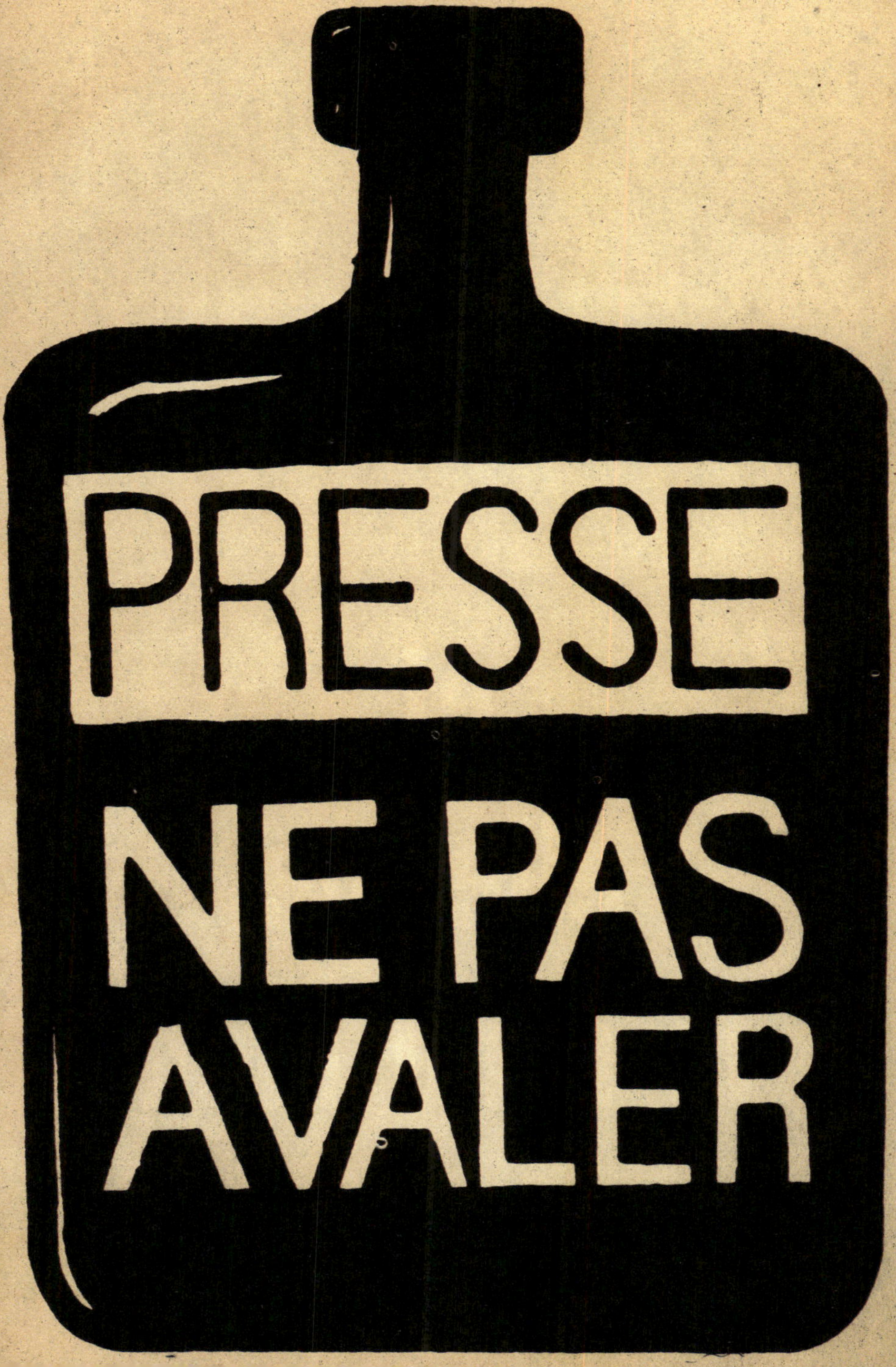
PRESSE
NE PAS
AVALER

J'EMMERDE LA SOCIÉTÉ

et

elle me

le rend bien

Cours, camarade, le vieux monde est derrière toi !

METRO BOULOT DODO

TABLEAUX
6e Arrt
RUE JACQUES CALLOT
6e Arrt
RUE DE SEINE
GAUCHE
VIVE LE FRONT POPULAIRE
LE CHOIX
JOURNAL MURAL
LA LONGUE MARCHE DE LA JEUNESSE
MEETING DE FRONT POPULAIRE
GOUVERNEMENT POPULAIRE
FRONT POPULAIRE
MENAGERES HABITANTS DU QUARTIER
NE NOUS LAISSONS PAS FAIRE!
HALTE A LA VIE CHERE!
MEETING DE FRONT POPULAIRE

Ce n'est pas une revolution, Sire, c'est une mutation.

ON NE COMPOSE
PAS UNE SOCIETE
EN DECOMPOSITION

La nouveauté est révolutionnaire, la vérité aussi.

EXAMENS : SERVILITE, PROMOTION SOCIALE, SOCIETE HIERARCHISEE.

IL VEUT FAIRE PEUR

LA POLICE
A L'ORTF
RTF
C'EST LA POLICE
CHEZ VOUS

NON AUX BIDONVILLES
NON AUX VILLES BIDON

Comité d'action civique

TEMPS

ENTR

VIVRE SANS MORTS

JOUIR SANS AVES

NOUS
NE VOULONS
PAS D'UN MONDE
OU LA CERTITUDE DE
NE PAS MOURIR DE FAIM
S'ECHANGE CONTRE LE
RISQUE DE MOURIR
D'ENNUI.

RETOUR A LA NORMALE...

LE DROIT DE VIVRE
NE SE MENDIE PAS
IL SE PREND

Nous voulons vivre

Travailleurs de tous les pays, amusez-vous !

LA PERSPECTIVE
DE JOUIR
DEMAIN
NE ME CONSOLERA
JAMAIS DE
L'ENNUI
D'AUJOURD'HUI.

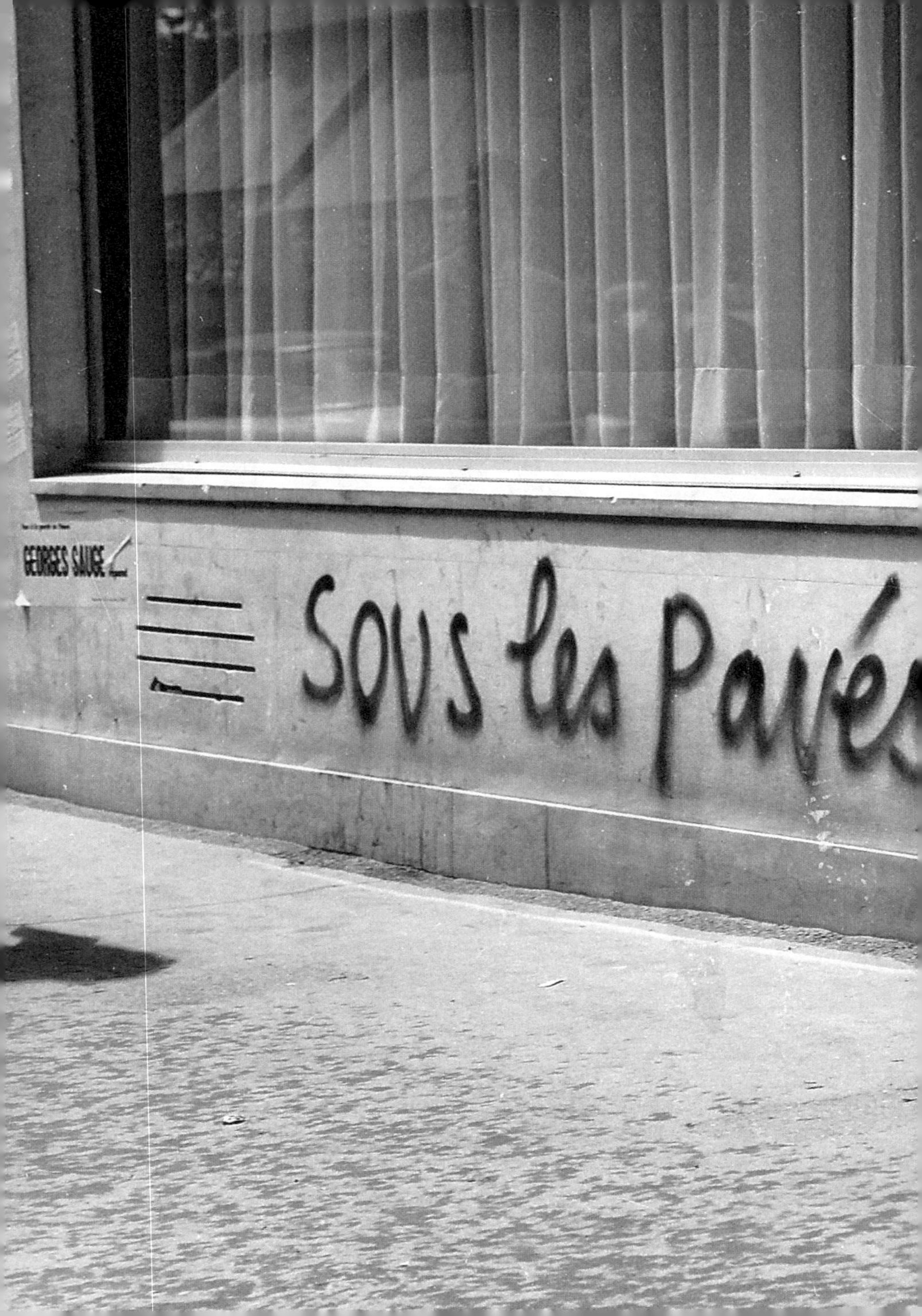
GEORGES SAUGE
SOUS les Pavé

la plage

LE BONHEUR est une idée NEUVE

Je décrète l'état de bonheur permanent.

L'ALCOOL TUE
Prenez du L.S.D

Je ne veux pas perdre ma vie à la gagner

Le respect se perd, n'allez pas le chercher.

La bourgeoisie n'a pas d'autre plaisir que de les dégrader tous.

SALAIRE

CHARS

S LEGERS

LOURDS

Déboutonnez votre cerveau aussi souvent que votre braguette.

Les réserves imposées au plaisir excitent le plaisir de vivre **sans réserve.**

Plus je fais l'amour,
plus j'ai envie de faire
la révolution.

Plus je fais
la révolution,
plus j'ai envie de faire
l'amour.

SEXE :
C'est bien, a dit Mao, mais pas trop souvent.

**CAMARADES,
L'AMOUR SE FAIT AUSSI
A SCIENCES-PO,
PAS SEULEMENT
AUX CHAMPS.**

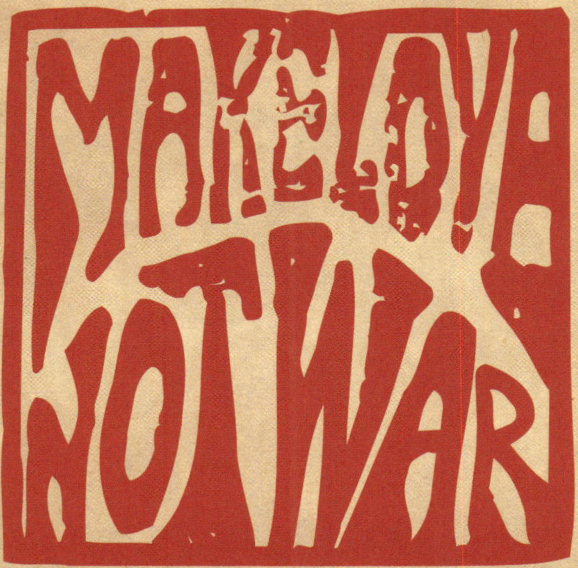
MAKE LOVE
NOT WAR

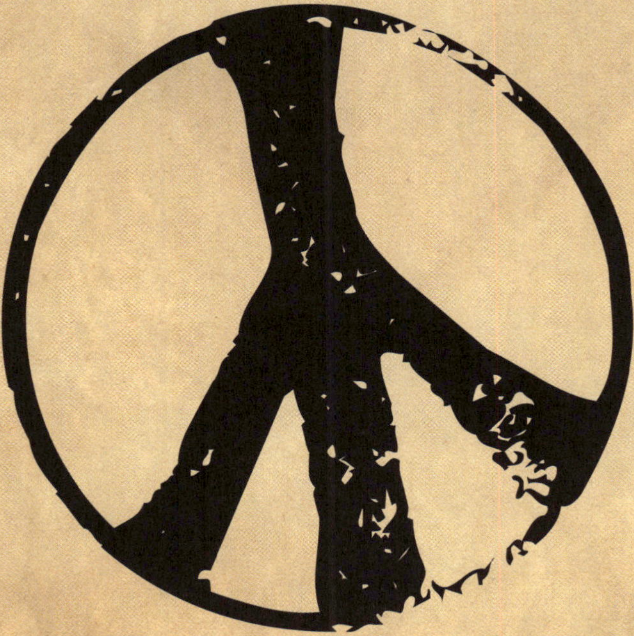

On achète ton bonheur.
VOLE-LE.

Qui n'a pas vécu l'époque d'avant la révolution ne sait pas ce qu'est la douceur de vivre.

**BAISEZ-VOUS
LES UNS
LES AUTRES,
SINON
ILS VOUS
BAISERONT.**

une jeunesse que l'avenir inquiète trop souvent

EMBRASSE TON AMOUR SANS LÂCHER TON FUSIL

Les gens qui travaillent s'ennuient quand ils ne travaillent pas.
Les gens qui ne travaillent pas ne s'ennuient jamais.

La poésie est dans la rue

PRENONS LA RÉVOLUTION AU SÉRIEUX

mais ne nous prenons pas au sérieux

On ne tombe pas amoureux d'un taux de croissance

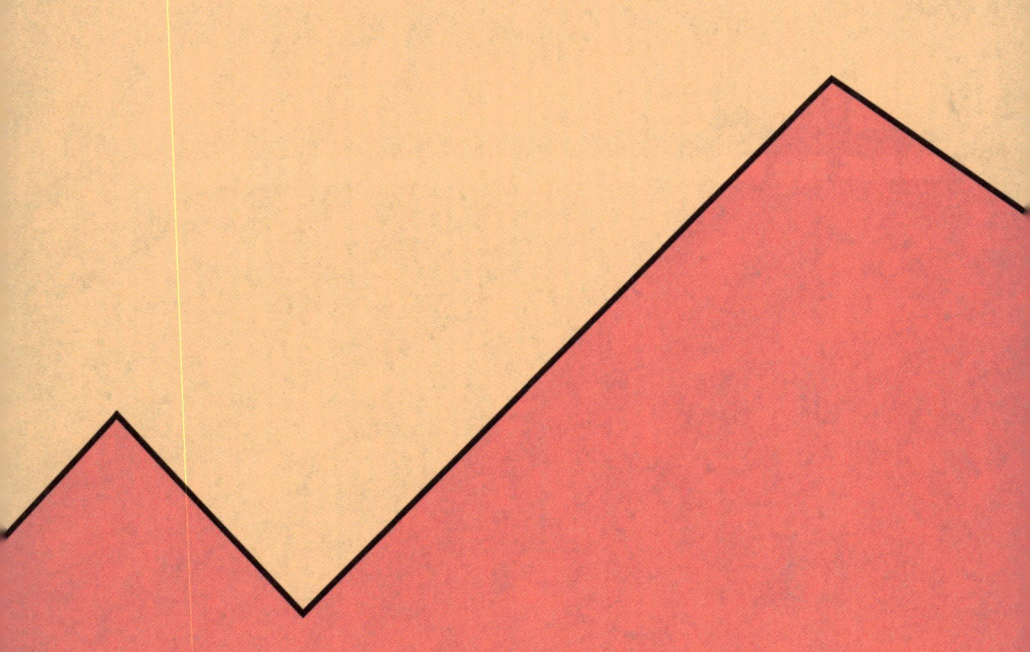

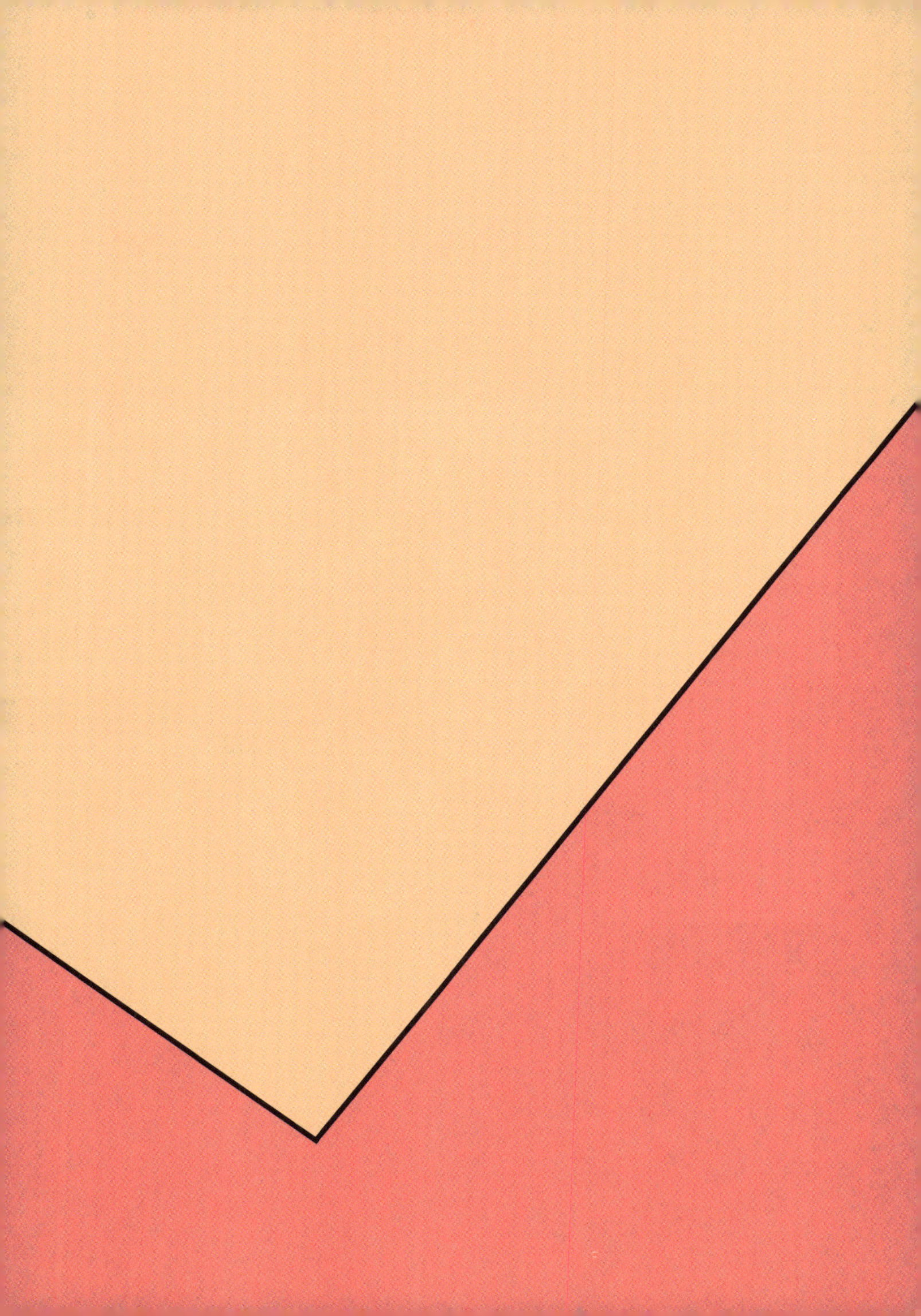

L'IMAGE
PREND LE
POU

NATION
VOIR

Manquer d'imagination, c'est ne pas imaginer le manque.

J'AIME PAS ECRIRE SUR LES MURS

AVANT DONC QUE D'ÉCRIRE, APPRENEZ À PENSER.

La liberté, c'est le droit au silence.

DESOBEIR D'ABORD
SUR LES MURS (LOI

: ALORS ECRIS
DU 10 MAI 1968).

VIVE LA COMMUNICATION, À BAS LA TÉLÉCOMMUNICATION.

DÉSIRER
LA RÉALITÉ,
C'EST BIEN !
RÉALISER SES
DÉSIRS, C'EST
MIEUX !

L'AVENIR NE CONTIENDRA QUE CE QUE NOUS Y METTRONS MAINTENANT

LE RÊVE EST RÉALITÉ

EXA-GÉ-RER,

C'EST COMMENCER D'INVENTER.

Oubliez tout ce que vous avez appris. Commencez par rêver.

SERA-T.

CH

OMEUR ?

Une pensée qui stagne est une pensée qui **POURRIT**

Ouvrez les fenêtres de votre coeur

SOYEZ RÉALISTE, DEMANDEZ L'IMPOSSIBLE.

LEUR CAMPAGNE COMMENCE

NOTRE LUTTE CONTINUE

Déculottez
vos phrases
pour être
à la hauteur
des sans-culottes

L'INSOLENCE
EST LA NOUVELLE ARME
RÉVOLUTIONNAIRE

On ne matraque pas l'imagination

Ici on spontane

ICI ON SPONTANE

Ici on spontane

ICI ON SPONTANE

ICI ON SPONTANE

Ici on spontane

Ici on spontane

ICI ON SPONTANE

Ici on spontane

Ici on spontane

ICI ON SPONTANE

ICI ON SPONTANE

Ici on spontane

Ici on spontane

Ici on spontane

Ici on spontane

Ici on spontane

ICI ON SPONTANE

Ici on spontane

LES BEAUX-ARTS SONT FERMÉS, MAIS L'ART RÉVOLUTIONNAIRE EST NÉ.

**LES ARMES
DE LA CRITIQUE
PASSENT
PAR LA CRITIQUE
DES ARMES**

CHANGEZ LA VIE
DONC TRANSFORMEZ
SON MODE
D'EMPLOI

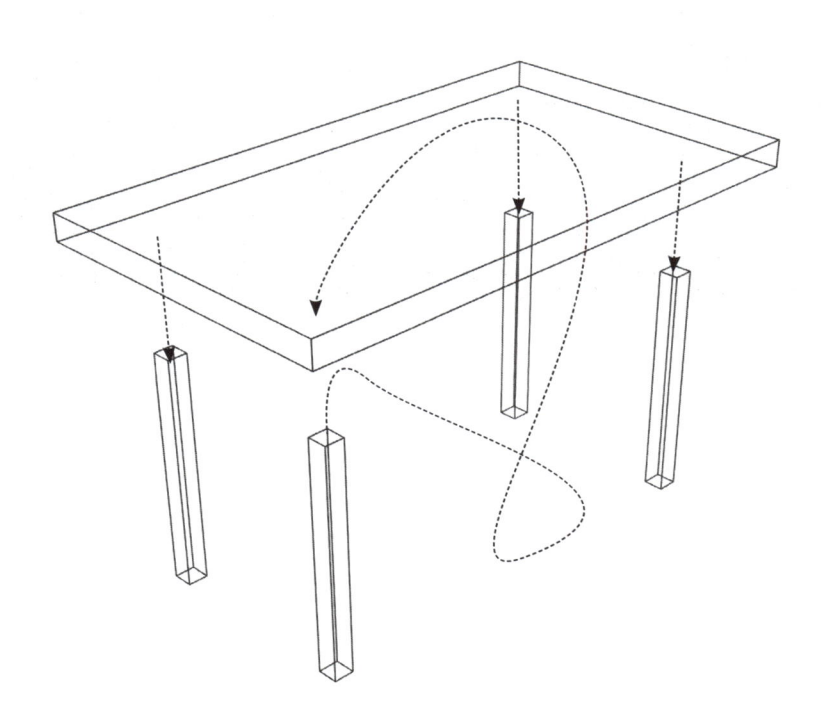

La révolution combat aussi pour la beauté. Aidez-nous pour chasser la laideur du monde.

LE REFLET DE LA VIE N'EST QUE LA TRANSPARENCE DU VÉCU

LA VIE EST AILLEURS

Ils pourront couper toutes les fleurs, ils n'empecheront pas la venue du printemps.

L'IMAGINATION PREND LE MAQUIS

Les motions tuent l'émotion

NOUS SOMMES DES JU ALLEM

TOUS
IFS
ANDS

UN HOMME N'EST PAS STUPIDE OU INTELLIGENT : IL EST LIBRE OU IL N'EST PAS.

TRABAJADORES
FRANCESES
EMIGRADOS
UNIDOS

trabalhadores
francêses
emigrantes
unidos

عمال اجنبيون
وفرنسيون
متحدون

NOUS DEVONS RESTER "INADAPTES"

NOUS REFUSONS D'ÊTRE H.L.M.isés, diplômés, recensés, endoctrinés, sarcellisés, sermonnés, matraqués, télémanipulés, gazés, fichés.

Ouvrons les portes des asiles, des prisons, et autres facultés.

Parlez à vos voisins...

ET A VOS VOISINES BORDEL !

LES FRONTIERES,
ON S'EN FOUT.

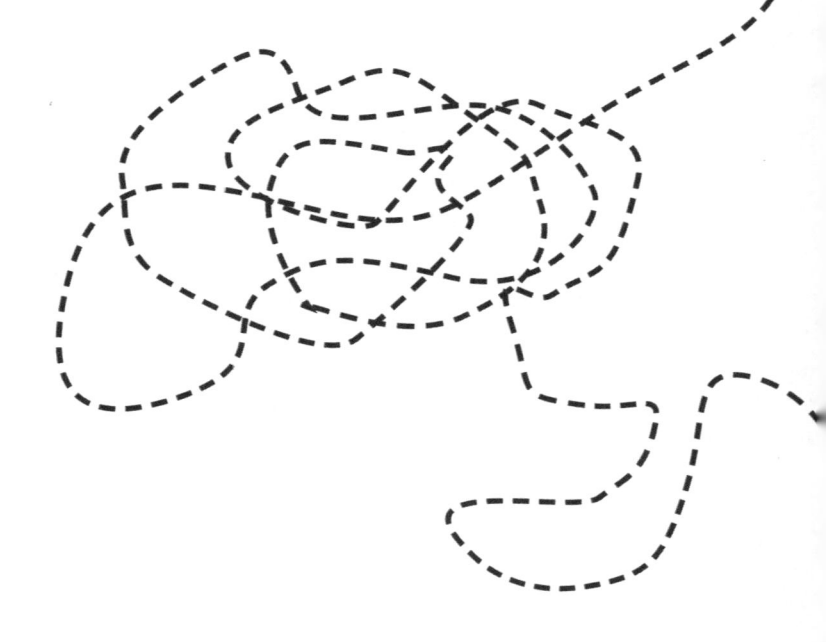

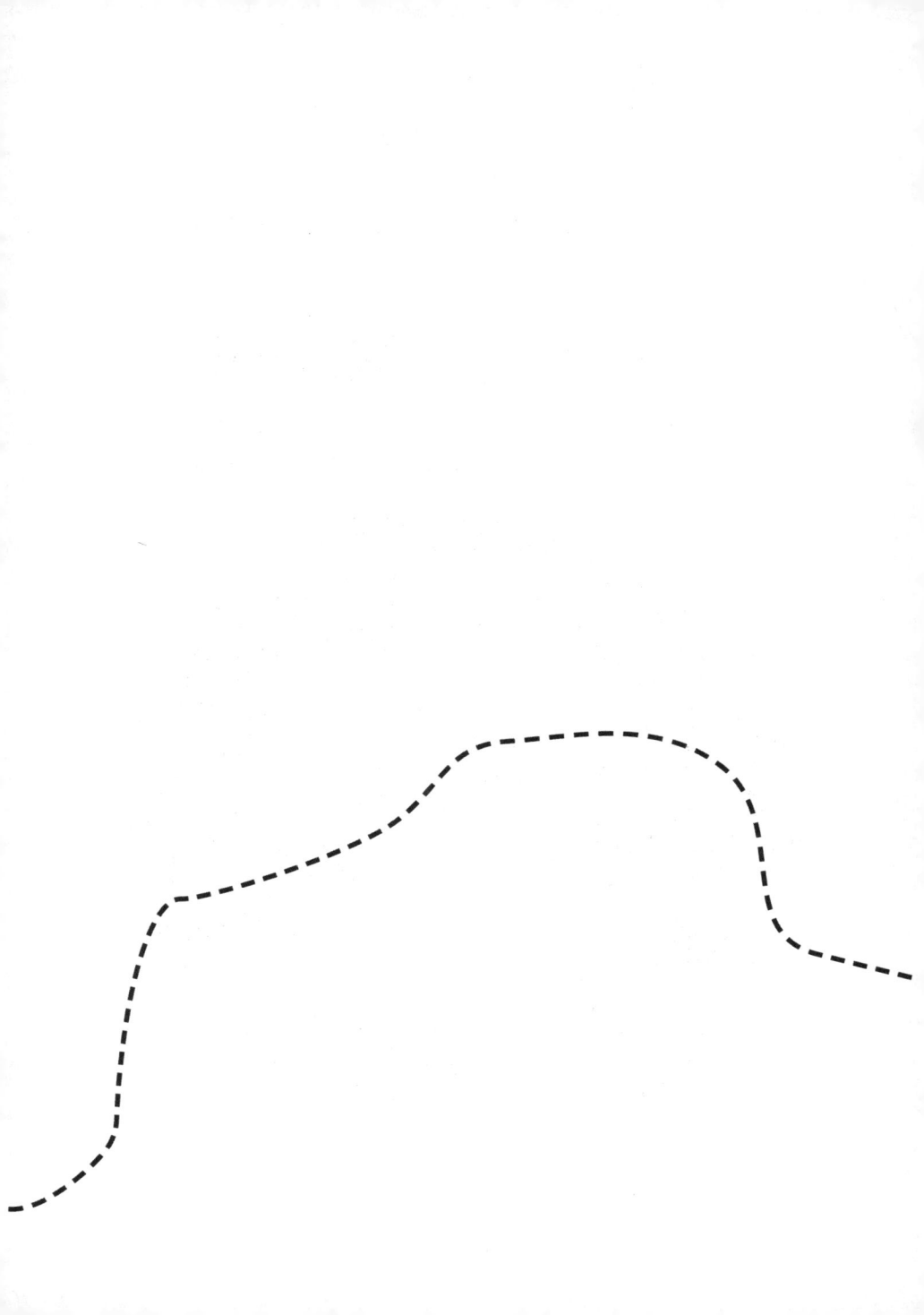

HALTE A L'EXPULSION DE NOS CAMARADES ETRANGERS

SOYEZ SALÉS, PAS SUCRÉS.

unité
ouvriers
paysans

PACIFISTES DE TOUS
LES PAYS FAITES
ECHEC A TOUTES
LES ENTREPRISES
GUERRIERES EN
DEVENANT CITOYEN
DU MONDE

SI VOUS PENSEZ POUR LES AUTRES, LES AUTRES PENSERONT POUR VOUS.

Il n'y aura plus que deux catégories d'hommes : les veaux et les révolutionnaires. En cas de mariage, ça fera des réveaulutionnaires.

LAISSONS LA

AUX BÊTES

EUR DU ROUGE

A   CORNES

TRAVAILLEURS
FRANCAIS IMMIGRES
UNIS

Notre espoir ne peut venir que des sans-espoir

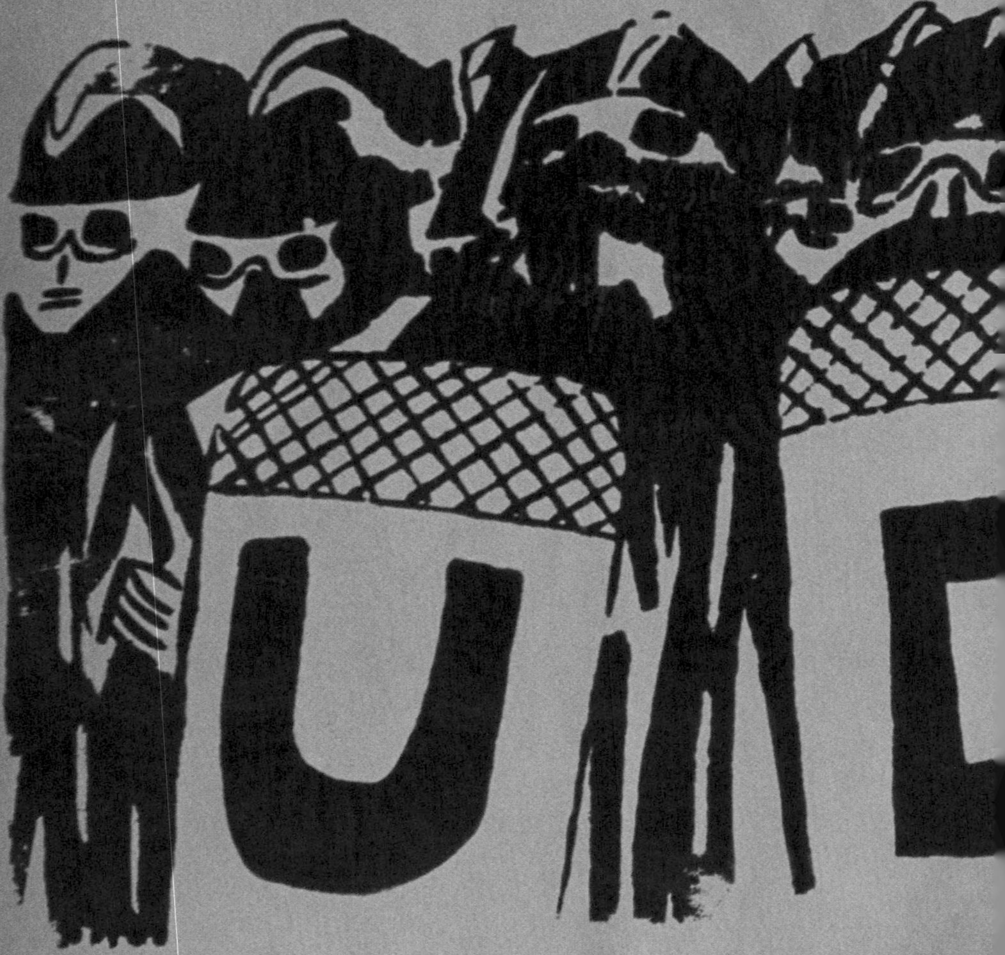

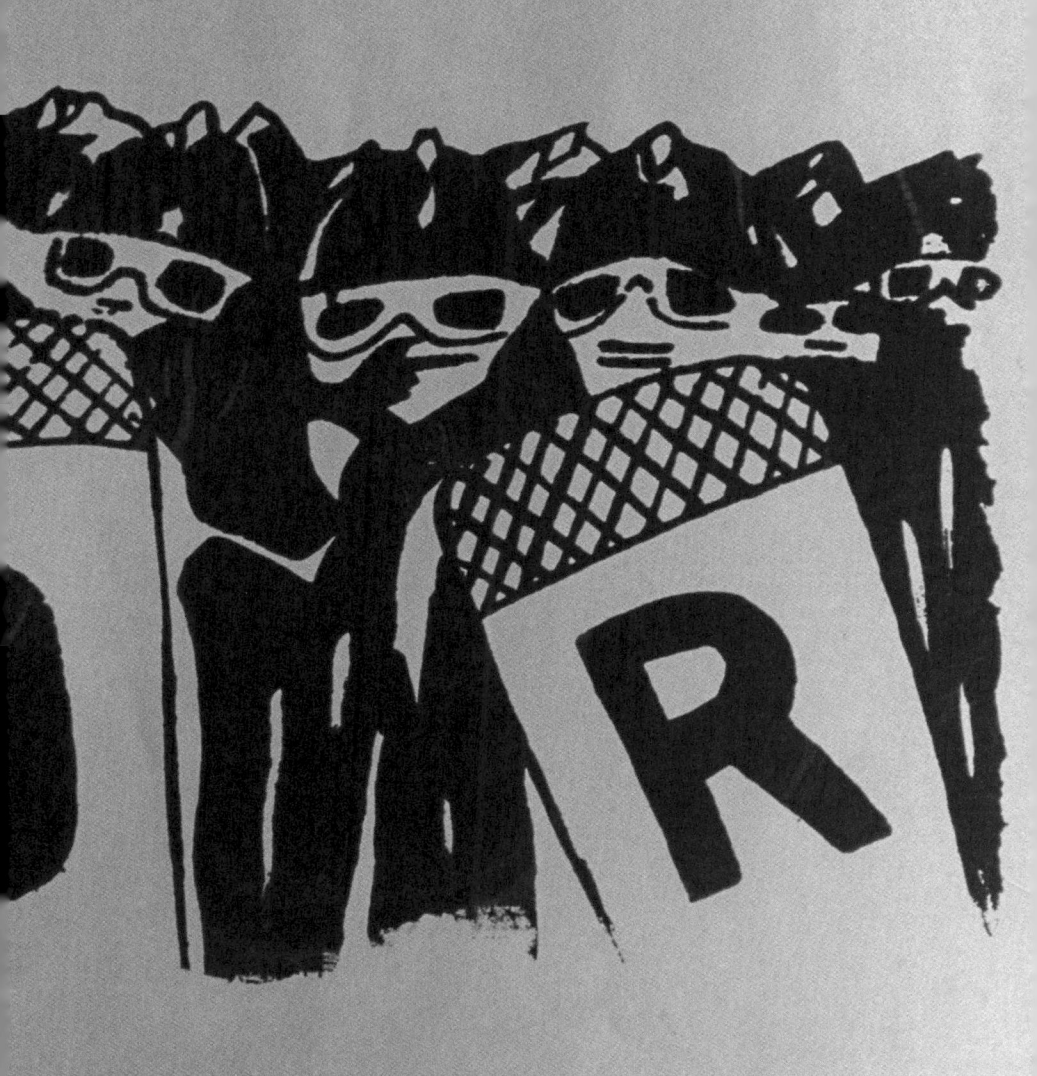
R

PAS DE LIBERTE AUX ENNEMIS DE LA LIBERTE.

MILLIONNAIRES DE TOUS LES PAYS UNISSEZ-VOUS, LE VENT TOURNE.

LA BAR FERME MAIS OUVRE

RICADE
LA RUE

LA VOIE

CRS QUI VISITEZ EN CIVIL, FAITES TRES ATTENTION A LA MARCHE EN SORTANT.

LE DISCOURS EST CONTRE-RÉVOLUTIONNAIRE

NOUS VOULONS LES STRUCTURES AU SERVICE DE L'HOMME ET NON PAS L'HOMME AU SERVICE DES STRUCTURES

NOUS IRONS JUSQU'AU BOUT

LA NATURE N'A FAIT NI SERVITEURS NI MAITRES JE NE VEUX DONNER NI RECEVOIR D'ORDRES

PÉPÉ
PÉPÉGRE

LA VOLONTÉ GÉNÉRALE CONTRE LA VOLONTÉ DU GÉNÉRAL

LA POLITIQUE SE PASSE DANS LA RUE

RENAU

FLINS

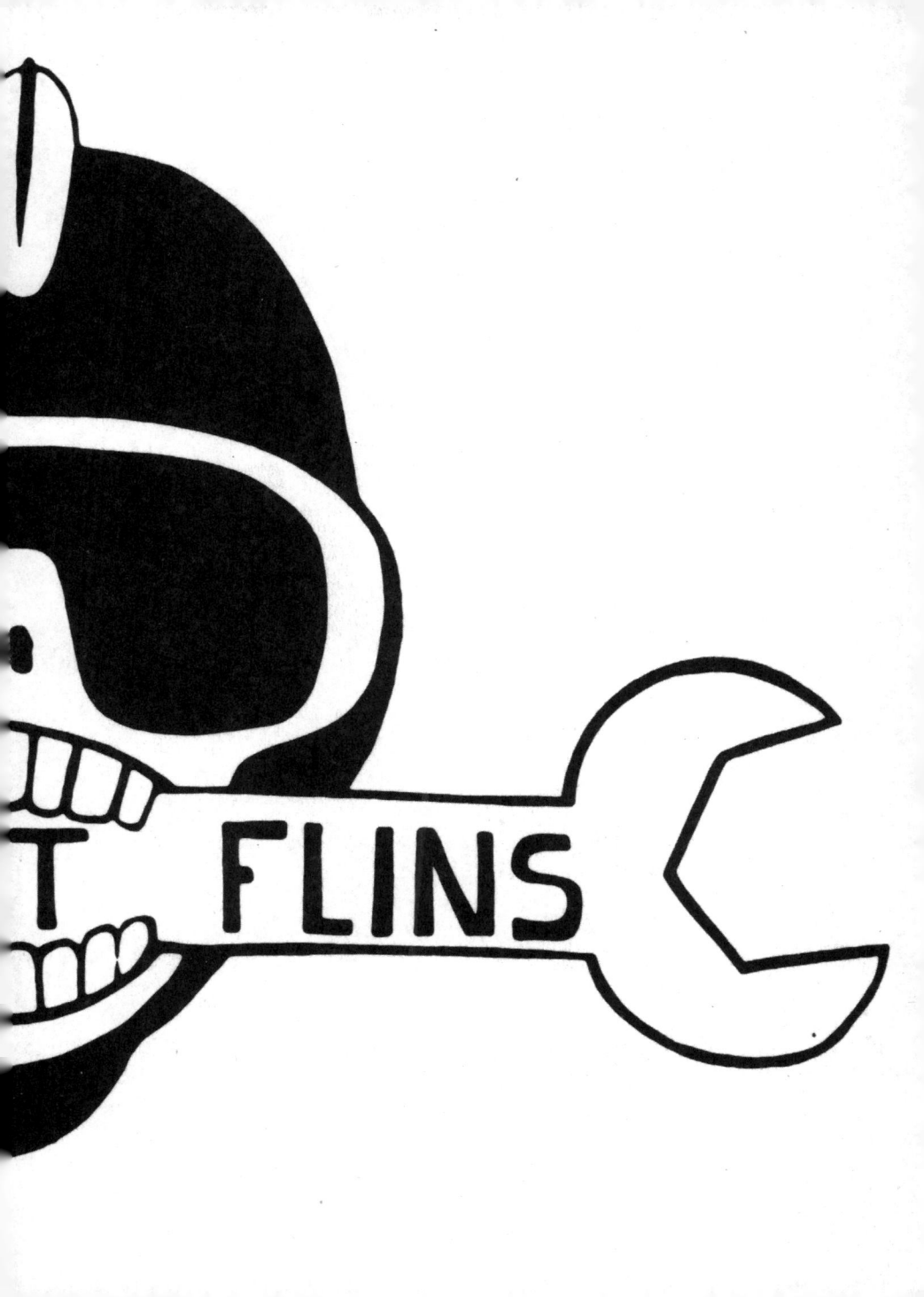

L'ANARCHIE
C'EST L'ORDRE

FLINS PAS FLICS

AVEC LES ETU
COM

«L'ORDRE»

SI BESOIN ETAIT DE RECOURIR A LA FORCE, NE RESTEZ PAS AU MILIEU.

L'HUMANITE NE SERA HEUREUSE QUE LE JOUR OU LE DERNIER CAPITALISTE AURA ETE PENDU AVEC LES TRIPES DU DERNIER BUREAUCRATE

La plus belle sculpture, c'est le pavé qu'on jette sur la gueule des flics.

LA BEAUTÉ
EST DANS LA RUE

AUTREFOIS, NOUS N'AVIONS QUE LE PAVOT, AUJOURD'HUI LE PAVE.

TROP TARD CRS

LE MOUVEMENT POPULAIRE N'A PAS DE TEMPLE

Les médecins peuvent faire des ordonnances, les gaullistes non.

NOUS IRONS JUSQU'AU BOUT

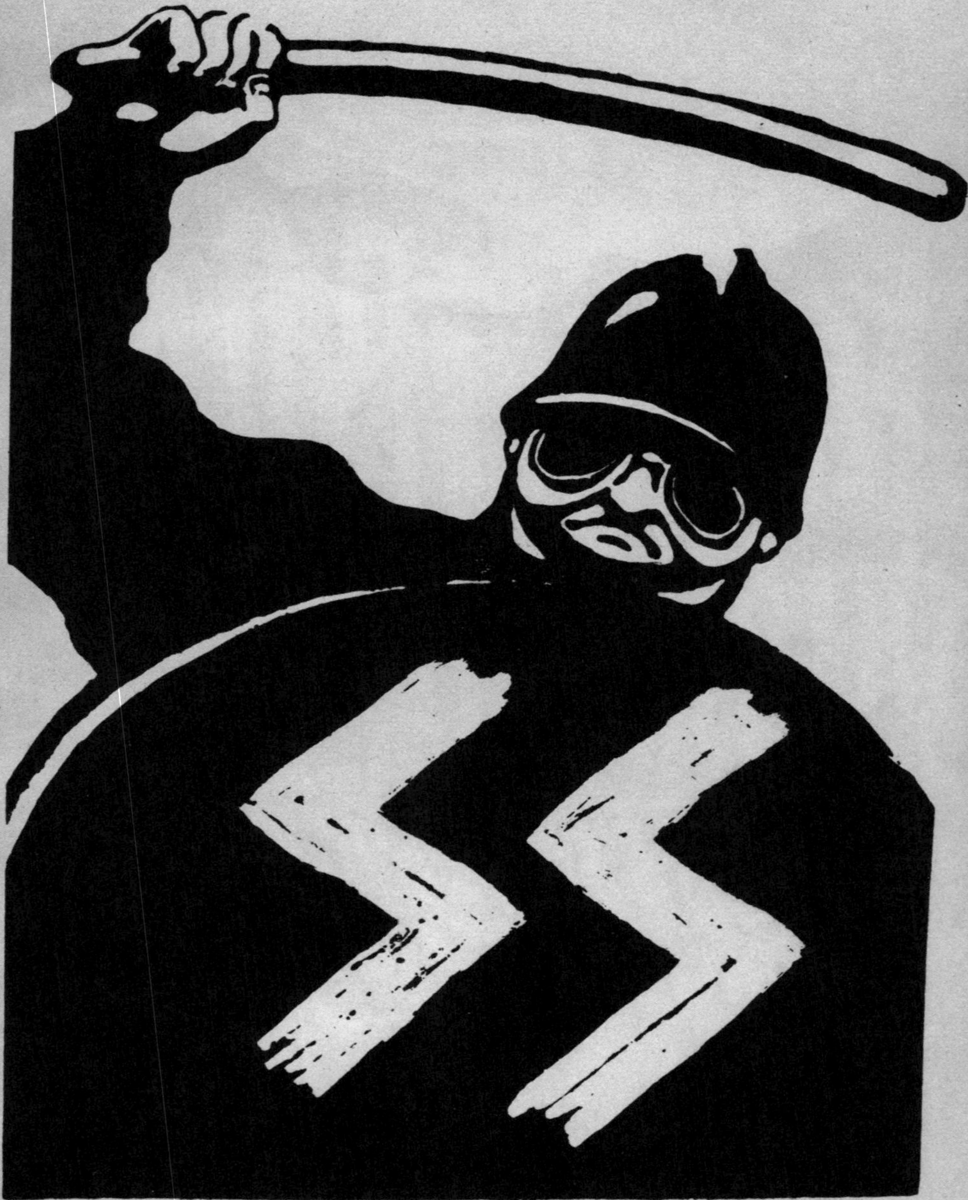

UN FLIC DORT EN CHACUN DE NOUS, IL FAUT LE TUER.

JE SUIS MARXISTE
TENDANCE GROUCHO

ISBN 978-2-8512-0680-0

Ne consommons pas Marx

9 782851 206800

MOINS DE 21 ANS
voici votre bulletin de VOTE

PLEBISCITE :
QU'ON DISE OUI
QU'ON DISE NON,
IL FAIT DE NOUS DES
CONS.

CITR

VI
LA RES
PROLETA

OEN

VE
STANCE
ARIENNE

CGT CFDT

SOUTENEZ LES GREVISTES DE RENAULT CHOISY

"à nous tous assurons notre avenir"

"luttons!"

VOUS AVEZ VOTÉ :
VIVOTEZ.

LA CHIENLIT, C'EST LUI !

L'ANARCHIE, C'EST JE !

LA CHIENLIT C'EST ENCORE LUI !

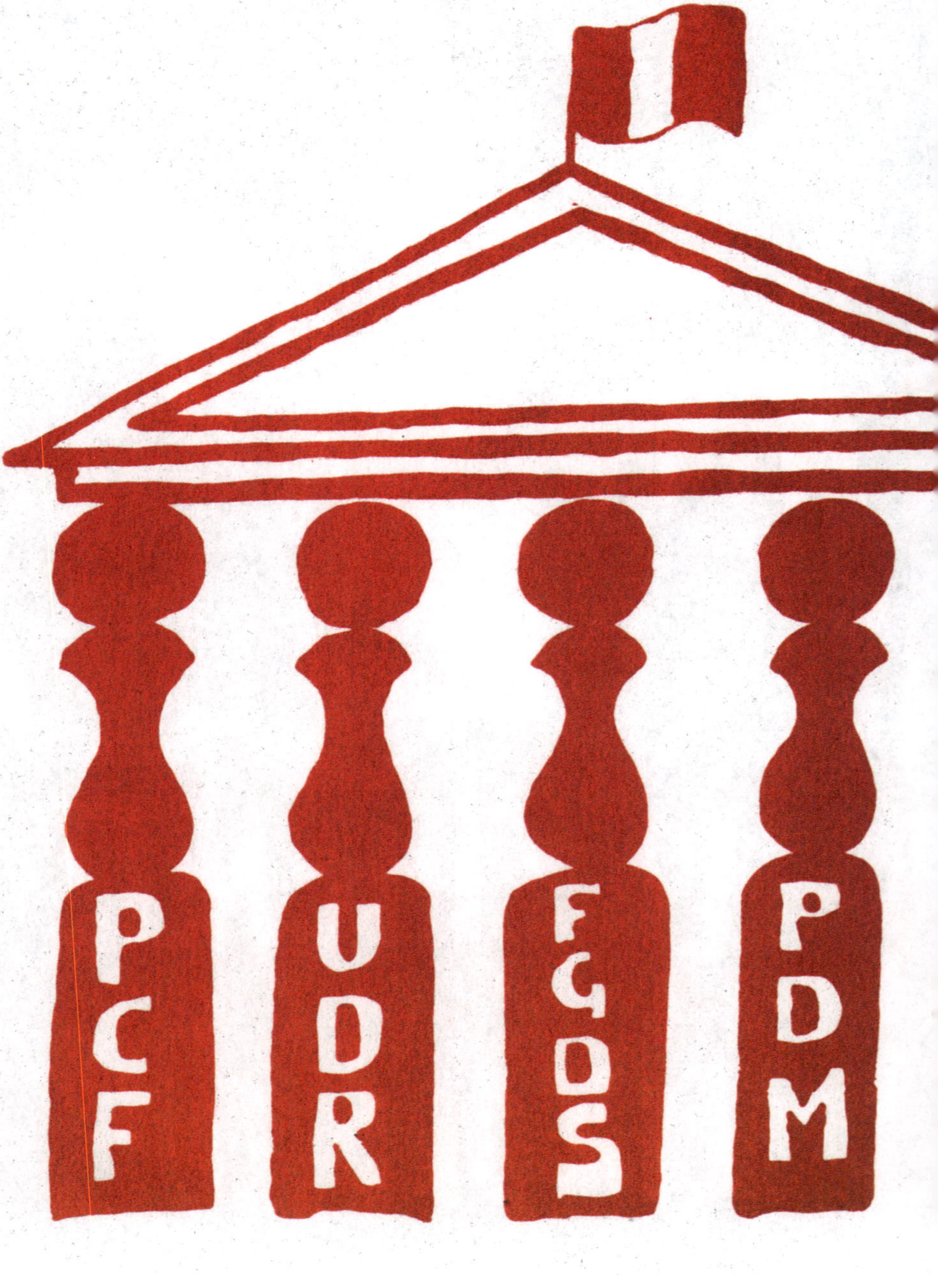
PCF
UDR
FGDS
PDM

PSU

POUVOIR POPULAIRE

Il a mis **trois semaines** pour annoncer en **cinq minutes** qu'il allait entreprendre dans **un mois** ce qu'il n'avait pas réussi à faire en **dix ans**

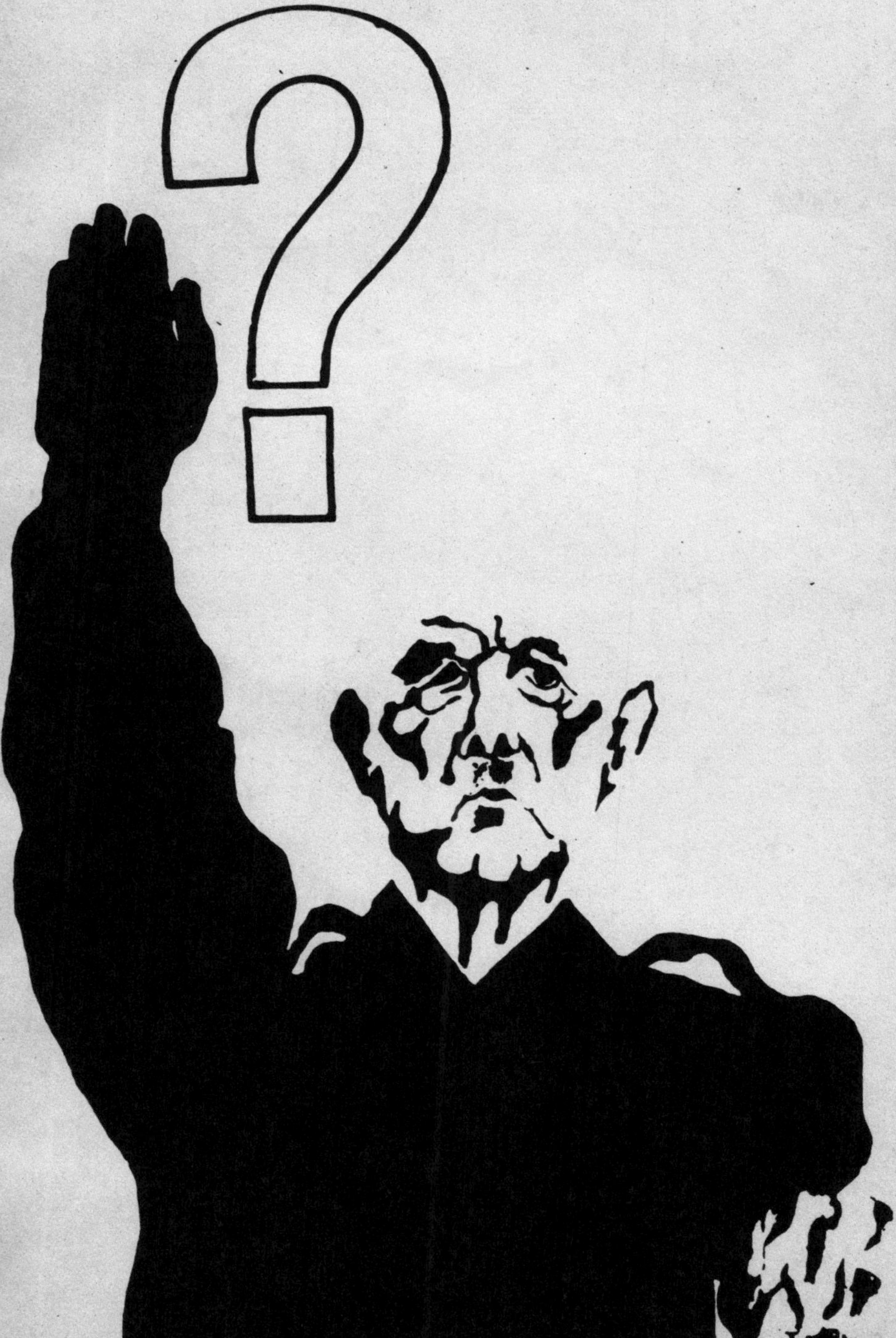

IL N'EST PAS DE PENSEES REVOLUTIONNAIRES.
IL N'EST QUE DES ACTES REVOLUTIONNAIRES.

SI LES ÉLECTIONS POUVAIENT CHANGER QUELQUE CHOSE, IL Y A LONGTEMPS QU'ELLES AURAIENT ÉTÉ INTERDITES.

On ne revendiquera rien,
on ne demandera rien.
**ON PRENDRA,
ON OCCUPERA.**

la cause du peuple

JOURNAL COMMUNISTE REVOLUTIONNAIRE PROLETARIEN

- pour connaître les **LUTTES POPULAIRES** en France et dans le monde.
- pour savoir comment **LES OUVRIERS REVOLUTIONNAIRES S'ORGANISENT**.
- pour comprendre le fonctionnement du **SYSTEME CAPITALISTE** et ses **CONTRADICTIONS**

lisez diffusez **la cause du peuple**

PARTICIPEZ AU COMBAT DES **MARXISTES-LENINISTES** POUR QUE S'EDIFIE DANS LE FEU DE LA LUTTE CONTRE L'OPPRESSION ET L'EXPLOITATION LE **PARTI** DONT LA CLASSE OUVRIERE A BESOIN POUR FAIRE **LA REVOLUTION**

en vente dans les kiosques
point de vente le plus proche : MASPERO - RUE ST SEVERIN 5e

L'ELAN EST DONNE

POUR UNE

LUTTE PROLONGEE

NON LES GRANDS MAGASINS NE ROUVRIRONT PAS

LEURS PERSONNELS LUTTENT AVEC TOUS LES TRAVAILLEURS

la lutte c

ontinue

CRÉDITS PHOTOGRAPHIQUES :

Toutes les affiches reproduites dans cet ouvrage proviennent de l'agence Roger-Viollet :

© Jean-Pierre Couderc / Roger-Viollet : couverture (en bas, à gauche et à droite), 9, 11, 15, 31, 33, 36, 41, 57, 70-71, 102-103, 106, 130, 132, 138, 140-141, 151, 154-155, 165, 168, 179, 183, 188.

© Musée Carnavalet / Roger-Viollet : 20, 30, 34, 50, 51, 53, 123, 136-137, 149, 157, 158-159, 167, 174-175, 176, 180, 187, 190-191.

© Roger-Viollet : couverture (en haut, à droite), 2, 17, 45, 62-63, 81, 189.

à l'exception des pages 163 et 172 : © Photothèque Hachette

Responsable éditoriale : Nathalie Bailleux
Suivi d'édition : Nathalie Lefebvre
Conception graphique et réalisation : Camille Durand-Kriegel
Lecture-correction : Marie-Pia Verguin
Fabrication : Rémy Chauvière

Photogravure : Graph'M
Achevé d'imprimer en France par Kapp (Groupe Qualibris)
Dépôt légal : 98209 - février 2008
ISBN 978-2-84277-835-4
34/1997/5 - 01